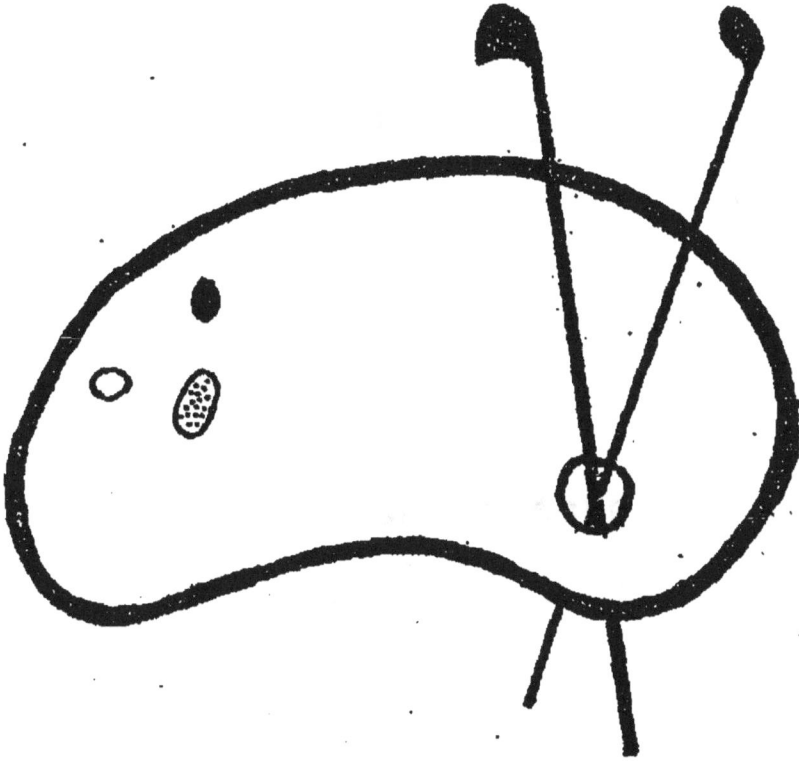

DEBUT D'UNE SERIE DE DOCUMENTS
EN COULEUR

INSTITUT DE FRANCE

LE COMTE DUCHÂTEL

NOTICE HISTORIQUE

Lue en séance publique le 12 décembre 1908

PAR

M. GEORGES PICOT

SECRÉTAIRE PERPÉTUEL
DE L'ACADÉMIE DES SCIENCES MORALES
ET POLITIQUES

PARIS

LIBRAIRIE HACHETTE ET Cie

79, BOULEVARD SAINT-GERMAIN, 79

——

1909

NOTICES HISTORIQUES

Lues à l'Académie des sciences morales et politiques

PAR LE MÊME AUTEUR

Jules Simon, 1896.

Le Duc d'Aumale, 1897.

Barthélemy Saint-Hilaire, 1898.

Hippolyte Passy, 1899.

Léon Say, 1900.

Charles Renouard, 1901.

Paul Janet, 1902.

Gladstone, 1903.

Théophile Roussel, 1904.

Augustin Cochin, 1905

Albert Sorel, 1906.

Bardoux, 1907.

Le Comte Duchâtel, 1908.

70-09. — Coulommiers. Imp. PAUL BRODARD. — 3-09.

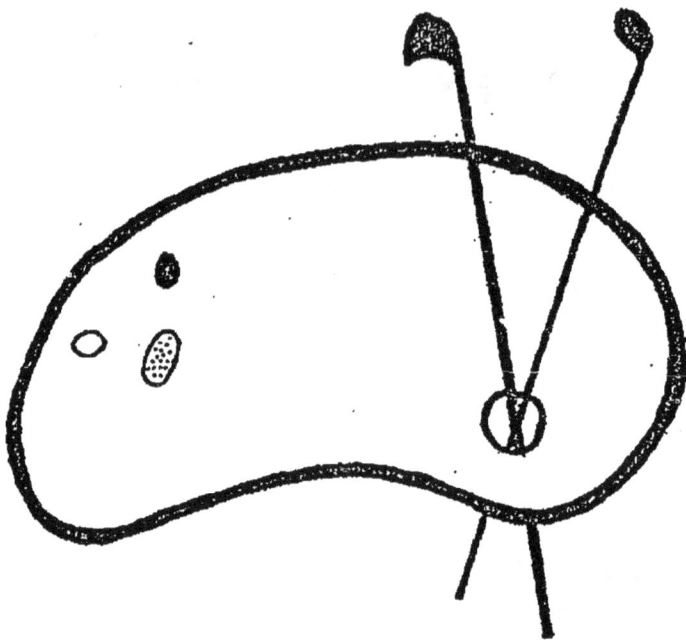

FIN D'UNE SERIE DE DOCUMENTS
EN COULEUR

LE COMTE DUCHÂTEL

NOTICE HISTORIQUE

Lue en séance publique le 12 décembre 1908

COULOMMIERS

Imprimerie Paul BRODARD.

INSTITUT DE FRANCE

LE COMTE DUCHÂTEL

NOTICE HISTORIQUE

Lue en séance publique le 12 décembre 1908

PAR

M. GEORGES PICOT

SECRÉTAIRE PERPÉTUEL
DE L'ACADÉMIE DES SCIENCES MORALES
ET POLITIQUES

———◆✕◆———

PARIS

LIBRAIRIE HACHETTE ET Cie

79, BOULEVARD SAINT-GERMAIN, 79

——

1909

LE COMTE DUCHÂTEL

NOTICE HISTORIQUE

Lue en séance publique le 12 décembre 1908.

MESSIEURS,

Le trait distinctif et l'honneur du xixᵉ siècle est d'avoir vu naître à la fois toute une génération d'hommes d'élite, ayant une conception très haute de la politique, croyant fermement qu'elle est un art, presque une science, et non un expédient, aimant passionnément leur pays, ayant la très noble ambition de le servir, convaincus qu'ils étaient appelés à créer en France un ordre de choses nouveau fondé sur la liberté et ayant foi en elle. Entre le premier Empire qui niait les idées et le second qui, s'en

défiant, les ajournait, il semble qu'ils soient
nés pour donner à notre pays une grande
leçon d'histoire et de morale, en lui montrant
à deux reprises comment, à force de patience
et d'énergie, un régime de liberté peut être
établi et loyalement pratiqué. En lui appre-
nant qu'il est encore plus difficile de le
garder que de le conquérir, ils ont donné au
pays une seconde leçon qu'ils étaient loin de
prévoir. A mesure que les faits s'éloignent,
que les passions s'éteignent, il n'est pas possible de contester que ces enseignements se
dégagent avec plus de force.

A côté des chefs auxquels nos anciens ont
rendu hommage, il y avait des hommes de
premier rang. Leur ardeur dans la jeunesse,
leur maturité précoce, leur autorité natu-
relle, leurs succès au pouvoir, leur dignité
dans la retraite ont mérité le respect de leurs
contemporains. Il appartient à votre Compagnie, qui a eu l'honneur de les accueillir,
de réveiller leur mémoire. Le comte Duchâtel
fut de ceux-là : économiste, député, ministre,

il demeura fidèle à ses convictions, les
défendit dans l'opposition, les maintint au
pouvoir et laissa aux hommes de son temps
une opinion si haute de son intelligence qu'il
est juste qu'un des derniers témoins de sa vie
cherche à en fixer devant vous le souvenir.

Charles-Marie Tanneguy Duchâtel était né
le 19 février 1803. Son père descendait
d'une vieille famille de Normandie qui était
venue, sous le règne de Louis XVI, se fixer
à Bordeaux. Il y était devenu directeur de
l'enregistrement et receveur général du Roi.
Sa compétence était tellement reconnue que,
dès le lendemain de la Terreur, les Bordelais
firent appel à son expérience, en le nommant
administrateur du département.

Peu de mois après, il était envoyé par les
électeurs de Bordeaux au Conseil des Cinq-
Cents. Il ne devait plus quitter Paris. Le
Premier Consul lui confia une des grandes
administrations à l'aide desquelles il recon-
stituait la France ; l'enregistrement venait de

recevoir la loi fondamentale qui nous régit depuis un siècle et Duchâtel, qui y avait attaché son nom, fit partie de ce Conseil d'État où étaient réunis toutes les compétences et l'éclat des services.

Comme tous les enfants de ce temps, son fils aurait été mis au lycée de fort bonne heure, si un développement cérébral d'une précocité alarmante n'avait inquiété les siens. C'est aux soins de sa mère qu'il dut une seconde fois la vie. Dame du palais de l'impératrice Joséphine, elle reprenait sa liberté pour la consacrer à la santé et à l'instruction de ce fils en qui elle plaçait toutes ses espérances.

Entré au Lycée impérial en 1813, il ne tardait pas à se mettre à la tête de sa classe : ses succès le conduisirent au concours général, où son nom fut plusieurs fois proclamé.

Il fit son droit de 1819 à 1822 ; ses condisciples racontaient avec quelle surprise les professeurs de droit romain, déshabitués d'une vieille coutume, l'avaient entendu répondre aux interrogations dans le latin le plus pur. Les études juridiques ne lui suffisaient pas. L'histoire, l'économie politique l'attiraient. Il avait fondé avec ses amis une réunion où étaient discutés tous les problèmes qui agitaient la jeunesse. La conférence Montesquieu les rassemblait et Sylvestre de Sacy, parlant de Doudan qui en faisait partie ainsi que lui, cite Duchâtel comme le plus éloquent d'entre eux[1]. Le jeune étudiant aurait voulu suivre les grands cours qui avaient naguère excité l'enthousiasme, mais, depuis deux ans, les chaires étaient muettes. Ce silence, à l'aide duquel le gouvernement de la Restauration se vantait d'apaiser les passions, blessait la jeunesse et achevait de l'irriter. A l'âge de tous les élans, trouver autour de soi la suspicion, demander, en entrant dans la vie, pour l'éclairer et la gouverner, des leçons à la

---

1. Doudan, *Mélanges et Lettres*, t. Ier. Notice par M. de Sacy, p. xx.

littérature, à la philosophie, au passé de la France et apprendre que Cousin est tenu pour suspect, que Guizot est frappé d'interdit, ce sont des surprises qui se changent en colère et qui laissent dans le cœur de toute une génération d'ineffaçables souvenirs. Les chefs n'étaient pas seuls condamnés : un jeune professeur venait d'être chassé de la chaire du collège où il enseignait la philosophie.

Cette disgrâce d'une victime alors obscure devait avoir un long retentissement. Jouffroy continuant son cours pour une quinzaine de jeunes gens assemblés en secret dans une petite chambre de la rue du Four, c'est toute une page de l'histoire de la Restauration. Ceux qui suivaient ces leçons y trouvaient le prestige du mystère; de simples élèves, la persécution avait fait des disciples, ardents, convaincus, se donnant tout entiers à la pensée du maître. Duchâtel faisait partie de ce groupe d'élite; il y prit très vite la première place. Pressés autour du professeur qui improvisait, chacun prenait des notes et s'efforçait de rédiger des fragments du cours. Quelle ne fut pas la surprise de Jouffroy, quand, peu de jours après ses premières leçons, Duchâtel lui en remit le texte exact, sans résumés, ni lacunes, tel que sa prodigieuse mémoire lui avait permis de le reconstituer! A l'admiration des auditeurs et à la grande joie du maître; il continua ce tour de force pendant trois ans. Ce fut une date dans la formation de ses idées.

La philosophie n'est jamais, quoi qu'en pensent les sceptiques, une vaine curiosité de l'esprit. Quand elle s'empare de la jeunesse, elle agit directement sur un temps et le gouverne. Tout le XVIIIe siècle avait appartenu au sensualisme. « Les théories matérialistes, dit un élève de Jouffroy, avaient conquis les intelligences, les possédaient, les gouvernaient absolument, sans la moindre résistance. L'esprit français dans son plus grand éclat, au faîte de ses triomphes, était tombé en servitude, tout en croyant s'émanciper[1]. » L'oppression était professée dans le domaine des idées : lorsqu'elle en sortit pour se traduire dans les faits, elle prit un nom et s'appela la Convention et l'Empire.

Nul n'avait encore osé protester, quand Royer-Collard, puis Victor Cousin, élevant la voix, firent entendre les mots oubliés de mérite et de démérite, de libre arbitre, de conscience et de devoir. Ce fut un prodigieux réveil. Ces hommes, ces jeunes gens, habitués à se croire soumis à des forces irrésistibles, apprenaient qu'ils étaient des êtres libres, responsables de leurs actes, n'ayant à obéir qu'à la raison et au droit ; ils sentirent en eux un frémissement d'orgueil ; ils découvrirent tout d'un coup qu'au lieu d'attendre de la fatalité la suite des événements, ils avaient le pouvoir d'agir, le droit d'user de leurs forces et le devoir de les consacrer à la justice et à la liberté.

C'était toute une révolution dans les âmes.

1. Vitet, *Le comte Duchâtel,* p. 12.

Ainsi s'explique l'enthousiasme des écoliers qui recueillaient cet enseignement nouveau en écoutant Jouffroy. Ils se sentaient réhabilités, se disaient en possession d'une vie nouvelle et concevaient, pour eux, comme pour la France, les plus hautes ambitions. La flamme qui s'allumait en eux ne devait pas s'éteindre : elle éclaire d'une vive lumière leur pensée intime et nous révèle d'où venait le feu sacré qui suscita l'énergie de toute une génération.

Duchâtel n'avait pas vingt ans quand il vint pour la première fois écouter Jouffroy. Il ne trouva pas seulement chez lui une doctrine. Il eut le bonheur d'y rencontrer ce qu'il y a de plus rare dans la vie, ce qui double les forces de l'homme, ce que nul effort ne crée, ni ne remplace : un ami. Ludovic Vitet avait le même âge, les mêmes goûts, des aspirations semblables. Duchâtel se rapprocha de lui et bientôt se nouèrent les liens d'une amitié à la fois tendre et forte, profonde et active, qu'au milieu du tumulte

des affaires l'ambition du bien était des-
tinée à resserrer, qui devait être couronnée
par l'intimité d'une longue retraite et qui
revenait dans leurs souvenirs avec le charme
persistant de la jeunesse. Pendant quarante-
cinq ans leur vie fut confondue et ce serait
méconnaître leur amitié que de ne pas montrer tout ce que durent à ce commerce
intime leur caractère et leur esprit. L'un,
prodigieux calculateur dont l'intelligence
sans cesse en mouvement, s'intéressant à
tout, était toujours disposée par un besoin
impérieux à ramener chacune de ses réflexions à un objet pratique, ne trouvant de
satisfaction que dans l'exécutiou de ses con-
ceptions et n'aimant les idées que dans la
mesure où elles étaient applicables. L'autre,
aussi curieux, mais plus ardent, épris de
poésie, de littérature et d'art, allant chercher à l'étranger, comme dans le passé de
notre histoire, dans les Musées comme dans
les Archives, ce qui pouvait servir à une
imagination qui aurait tout emporté, si la

raison la plus haute ne l'avait constamment
réglée, en laissant apercevoir, entre l'élan et
la mesure, une lutte qui donnait à ce caractère, le mieux trempé qu'il m'ait été donné
d'admirer, un charme indéfinissable.

Ceux qui les ont vus en ces premières
années de leur jeune amitié, assuraient qu'il
était impossible de n'être pas saisi de ce
mélange de grâce et de puissance d'esprit.
Leurs études, poursuivies en sens divers,
les séparaient à certaines heures, mais il ne
se passait pas un jour sans qu'ils se réu-
nissent, mettant en commun leurs pensées
et leurs projets.

Un voyage de trois mois en Suisse et dans
la Haute-Italie acheva de les lier. C'était alors
une longue expédition que les deux amis,
suivant l'usage du temps, firent à pied, le
bâton à la main, émerveillés des spectacles
de la nature, et ne perdant pas une occasion
d'étude. L'âge n'avait pas affaibli le souvenir
de leurs étapes : il fallait les entendre
décrire leur arrivée dans la petite maison de

Jouffroy, cachée au milieu des chalets, sous un pli du Jura, la simplicité de ses mœurs patriarcales; puis, quelques jours plus tard, leur émotion en franchissant le seuil du château de Coppet; la trace, à chaque pas, de celle qui avait remué si profondément leur imagination; l'accueil du duc et de la duchesse de Broglie; la rencontre, auprès d'eux, des esprits les plus distingués; les conversations de Sismondi et de Rossi; enfin, après la traversée des Alpes, après la visite des villes, au terme de leur voyage, la réception chez Alexandre Manzoni, le grand poète, le patriote, leur laissant sur les souffrances de la Lombardie et les rigueurs de la police autrichienne des impressions qui ne devaient pas s'effacer.

Duchâtel revenait l'esprit plein d'observations sur l'état des mœurs, de l'instruction, de l'industrie, de la richesse de la Suisse et du nord de l'Italie. Sans négliger les montagnes et les lacs, les monuments et les musées, l'économiste avait noté, rapproché, comparé une multitude de faits. Son esprit n'avait cessé d'être en travail, et toutes ses réflexions le ramenaient vers l'état de la France.

Il retrouvait Paris en grand émoi. Pendant son voyage, un changement de règne s'était accompli. De tous côtés, amis et adversaires regardaient vers l'avenir; on s'interrogeait; cette marche vers l'inconnu, loin de les satisfaire, irritait leur impatience.

Il aurait voulu parler, écrire, agir. Toutes les voies lui semblaient fermées; frémissant du désir d'entrer dans la vie publique, il regardait d'un œil d'envie ses contemporains d'outre-Manche élus à vingt ans à la Chambre des communes, tandis qu'il devait attendre durant dix-neuf années encore le droit de devenir député. Cette exclusion pesait sur la jeunesse; comment échapper à cette impuissance? Où trouver le moyen de penser librement? Ce fut un journal qui le lui offrit.

Pour comprendre l'influence du *Globe*, il

faut se reporter à l'année 1824, aux ardeurs contraires qui se disputaient les esprits. Jamais les haines n'avaient été plus vives. Les uns invoquaient la Révolution, avec ses espérances et ses crimes; l'Empire, avec ses triomphes et ses désastres; les autres étaient les champions de la Légitimité, avec son respect du droit, voilé par les passions de l'émigration. La politique n'était pas seule en jeu : littérature, art, philosophie, religion, histoire, aucun des besoins de l'esprit, aucune des formes de la pensée n'échappait aux exagérations et aux colères de l'esprit de parti.

C'est contre cet esprit de parti que fut conçu le *Globe*. Combattre la violence sous toutes les formes, substituer aux opinions *a priori* l'observation des faits; aux préjugés, la critique, telle était la méthode. Mais que d'obstacles! A cette époque, écrit un contemporain, « personne n'était de sang-froid. Non seulement les auteurs et les témoins de ces secousses terribles vivaient encore, mais les

survivants des bourreaux et des victimes
étaient en présence. Il fallait des précau-
tions infinies pour faire accepter la vérité
par des esprits prévenus et des cœurs ulcé-
rés[1] ».

Dubois qui avait créé l'entreprise, comprit
très vite quelle en était l'étendue. La politique
seule en était exclue : ainsi l'exigeait une
législation jalouse.

La critique littéraire permettait de traiter
toutes les questions morales et religieuses,
philosophiques, scientifiques, industrielles et
économiques. Duchâtel y trouvait naturelle-
ment sa place. Il y rencontrait ses amis, ses
émules et ses maîtres. Il travaillait auprès de
Vitet, auquel appartenaient les beaux-arts;
de Jouffroy et de Damiron, qui se partageaient la philosophie; de Thiers, décrivant
le Salon de 1824. Duvergier de Hauranne
avait pris pour domaine l'Angleterre; Charles
de Rémusat traitait tous les sujets confinant

1. *Fragments littéraires de Dubois.* Paris, 1879, 2 vol.
in-8. Préface anonyme, p. 83.

à la politique ; Sainte-Beuve commençait l'histoire de la poésie française ; Ampère était attiré par toutes les formes de la pensée au delà des frontières. A cette phalange, la plus brillante qui ait jamais été réunie, ne tardèrent pas à se joindre Guizot, Cousin, Villemain, Augustin Thierry et son frère Amédée, enfin Chateaubriand et Victor Hugo, qui ne dédaignèrent pas d'y insérer des morceaux inédits. A tous ces noms alors obscurs ou déjà illustres, à tous ces écrivains venus de divers points de l'horizon on ne demandait que le talent et un amour sincère de la liberté, de celle qui avait inspiré le grand mouvement de 1789, et qui semblait à tous ces jeunes gens, victimes du plus séduisant mirage, le but aisé qu'avec un peu d'efforts ils étaient à la veille d'atteindre.

On raconte que Gœthe, lecteur assidu du *Globe*, avait été ébahi d'apprendre qu'un journal si profond fût écrit par des hommes si jeunes, « tandis qu'en France, dit l'un d'eux, l'arrière-ban du xviiie siècle et le vieux public de l'Empire les tenaient pour des étourdis[1] ».

Les articles sur l'Économie politique qui étaient publiés sans nom d'auteur, en novembre 1824, étaient assurément faits pour dérouter. Il est difficile de faire comprendre plus nettement l'influence que devait exercer une science encore si peu connue. Elle nous était venue d'Angleterre avec Ricardo, Malthus et surtout Adam Smith qui, le premier, avait proclamé cet axiome fondamental : Point de richesse sans travail. Lorsque Jean-Baptiste Say avait voulu en enseigner aux Français les principes, son livre avait été interdit. Duchâtel contribua à mettre en lumière les « causes de la richesse des nations ». Il le fit avec une précision exempte de pédantisme, avec un style clair au service de la pensée la plus mûre[2].

1. Vitet. *Ibid.*
2. *Globe* des 20 novembre, 4, 7, 25 décembre 1824.

Il ne se borna pas aux problèmes économiques si nouveaux pour les lecteurs de ce temps. Après avoir attaqué les monopoles et défendu la liberté commerciale, il eut la hardiesse de prédire les merveilles qu'enfanterait l'association, de saluer les bienfaits de l'industrie à l'heure où Bonald et Lamennais s'en épouvantaient. Abordant parfois les questions religieuses et les traitant avec autant de mesure que d'indépendance, il se prononçait pour la liberté de l'enseignement primaire (17 mai 1828). Les tendances de son esprit le ramenaient vers les problèmes qui mettaient en jeu l'homme et la société. Il fut attiré par un concours de l'Institut. L'Académie française sortant de son domaine et pensant peut-être qu'elle devait provoquer des travaux que la classe des Sciences morales et politiques, supprimée en 1803, n'était plus là pour encourager, proposa pour sujet d'un prix Montyon « la Charité ».

Duchâtel traita la question sous ses divers aspects, se montrant respectueux de la charité privée et très sévère pour la charité légale. L'Académie craignit-elle de se compromettre en prenant parti entre le sentiment et la science? Elle n'osa pas décerner le prix. Le manuscrit devint un livre et ce fut le public qui se chargea, en lui faisant le meilleur accueil, de le couronner.

Déjà, à cette époque, en face de la misère, cette éternelle ennemie de l'homme, apparaissaient les charlatans qui prétendaient la supprimer : on entendait les rêveurs promettant la fin des maux de l'humanité et les courtisans du peuple l'exhortant à n'écouter que ses passions. Pourquoi l'homme se résignerait-il, s'il est assuré de l'avenir, à l'épargne qui le prive des jouissances du présent? Pourquoi accomplir un acte de prévoyance qui implique effort et sacrifice? Pour que l'homme se décide à l'effort et supporte le sacrifice, il faut que des motifs d'intérêt le poussent. Si la bienfaisance publique supprime ces motifs, si surtout elle transforme le secours accidentel en un droit, si elle constitue une garantie contre les besoins de l'avenir, elle affaiblit la prévoyance, la rend inutile et, ce qui est plus grave, elle renverse la loi du travail, sur laquelle la société tout entière est fondée : au lieu de détruire la misère, elle la multiplie. « Ainsi est faite la nature humaine, concluait-il ; promettre aux hommes de subvenir en toutes circonstances à leurs besoins et leur garantir l'assistance, c'est encourager le vice, la dissipation, le désordre, c'est instituer une prime contre l'économie[1]. »

Quand on parlait de ces maux en 1828, la pensée ne se tournait que vers l'Angleterre, où la taxe des pauvres — Duchâtel avait voulu en voir les résultats de près — produisait les désordres les plus graves. Cette idée du droit au secours lui semblait recéler tous les maux : il constatait l'accroissement sans limites des dépenses publiques et assurait que cette politique mènerait

---

1. *Charité*, p. 170.

les budgets à la ruine. Ce qui l'alarmait par-
dessus tout, ce qui troublait à la fois le pen-
seur et l'économiste, c'était le ralentisse-
ment chez l'assisté de l'effort individuel.
Seul, au milieu du monde où il est jeté,
l'homme est maître de ses actions. Son esprit
comme ses forces reçoivent l'impulsion de
sa volonté. « En vain, écrit-il, vous accroî-
trez sa puissance; en vain, vous doterez
son esprit de tous les trésors de la science;
sous cette science reçue par force, l'homme
aura disparu... il n'y a pour lui de véritable
bien que s'il l'obtient par le libre effort de
sa volonté. » Autrement, il est esclave
entre les mains de l'État et il abdique à
la fois tout ce qui fait le mérite de sa vie :
sa liberté et sa responsabilité.

Auprès de ces dangers, quel contraste
offrait la charité privée, avec ses délica-
tesses, le contact qu'elle amenait entre celui
qui donne et celui qui souffre! « A ne partager que sa richesse, dit excellemment l'auteur, il y a une sorte d'indifférence et de

dédain; l'homme charitable doit encore partager son âme, et entrer avec le pauvre en communauté de sentiments et d'affection. » (*Ibid.*, p. 304.) En parlant avec émotion de la visite au domicile des pauvres, comme venait de la peindre Degerando, comme allait la pratiquer, quelques années plus tard, Ozanam, il pressentait tout ce que la charité morale peut tempérer d'amertume, prêcher de résignation, et faire naître de mutuelle bienveillance.

Ce livre sembla dur à certains philanthropes; il lui fit honneur parmi les économistes. C'était le seul ouvrage qui dût sortir de sa plume. L'heure de l'action qu'il attendait si impatiemment allait sonner. La dissolution de la Chambre et les élections de novembre 1827 furent, de toutes les révolutions de la France, la plus pacifique et la plus inattendue; en un instant, sur toute l'étendue du royaume, résonna dans le cœur des jeunes gens le branle-bas libéral. La Société *Aide-toi, le ciel t'aidera*, les *Amis de*

la liberté de la presse, répandirent une nuée
de brochures; ceux qui n'avaient pas l'âge du
vote se mirent au service de leurs aînés, pous-
sèrent les électeurs à former des Comités,
allèrent chercher les candidats, et les forcè-
rent à sortir de leur retraite; c'est ainsi que
les électeurs de la Charente-Inférieure solli-
citèrent le comte Duchâtel; celui-ci, en accep-
tant leur mandat, n'obéissait pas seulement
à l'intérêt de la cause qu'il servait, et que
défendaient ses anciens collègues, les Daru
et les Mollien, mais il se dévouait pour
garder, au profit de son fils, un siège au
Parlement. Tanneguy Duchâtel faisait donc
pour son père et pour lui sa première cam-
pagne électorale. La chute du ministère
Villèle délivra la France d'un poids; le
cabinet Martignac fut salué d'un cri d'espé-
rance. Ce fut un éclair de bon sens qui illu-
mina la France, sans convertir les partis. La
jeunesse, si unie aux élections de 1827, ne
tarda pas à se diviser : les plus ardents, convaincus qu'un prince régnant par droit héré-

ditaire n'accepterait jamais sans arrière-pensée
le pacte constitutionnel, aspiraient à un changement de dynastie qui permettrait de créer
du même coup et de dater de la même heure
un roi et une charte; — les plus politiques,
sans méconnaître la difficulté de l'entreprise,
auraient voulu maintenir le droit séculaire
de l'ancienne monarchie, et fonder sur cet
appui l'établissement libéral. En un mot,
les uns étaient en défiance ouverte de
Charles X et de ses conseillers; les autres,
et parmi eux Duchâtel et la rédaction du
Globe, étaient persuadés qu'on provoque la
mauvaise foi en la supposant. Leur attente
ne fut pas longue; en appelant M. de Poli-
gnac, le roi justifiait comme à plaisir les
prédictions des violents, et donnait pleine
raison à ses adversaires. Le député de Jonzac
vota, avec les 221, l'adresse de remontrances:
son fils travailla à sa réélection, et lorsqu'il
rentra à Paris, heureux de constater la sage
réponse du pays consulté, il apprit les fatales
Ordonnances et la chute de la royauté.

Une vie nouvelle s'ouvrait pour Duchâtel. Il ne s'agissait plus de livres, ni d'articles, tous ceux de sa génération, défenseurs résolus de la Monarchie et de la Charte, passaient au premier plan ; au rôle facile de l'opposition, succédaient subitement les soucis du pouvoir et le poids des responsabilités ; ils allaient être appelés à donner la mesure de la qualité la plus rare en temps de révolution : l'expérience ; plus que la plupart de ses émules, il avait amassé une somme énorme de connaissances pratiques ; de telle sorte qu'à l'heure des premières réorganisations, il se trouvait prêt. Parmi ses contemporains, aucun ne s'étonna lorsqu'on le vit entrer au Conseil d'État, le même jour que Thiers, Renouard et Salvandy. Des quatre, il était le plus jeune ; il venait d'avoir 27 ans. Nommé Commissaire du Roi, il fit ses débuts, en même temps que Thiers, secrétaire général du ministre des Finances. Les Chambres étaient en permanence. Le ministre des finances laissait

volontiers la besogne parlementaire à ses
jeunes collaborateurs. Duchâtel, avec sa parole nette, ses inspirations heureuses, sa rare
connaissance des questions, prit en quelques
mois une telle autorité, que M. Laffitte ne
songea pas à s'en séparer, et que le baron
Louis, lors de la formation du grand cabinet
Casimir Perier, fit presque une condition de
sa rentrée aux affaires que le jeune con-
seiller d'État attaché à son ministère lui
épargnerait les fatigues de la tribune.

Il se trouvait donc, dès 1831, avant que
l'âge lui eût ouvert l'entrée des Chambres,
chargé de soutenir les plus sérieuses discussions, et aux prises avec les orateurs de tous
les partis. C'était une rare et périlleuse for-
tune. Il sut la justifier.

La politique financière traversait une crise
difficile. Depuis quinze ans, la France avait
vu le régime de ses finances établi sur des
principes sans précédents : sincérité des
comptes rendus, loyauté des budgets, régu-
larité de la comptabilité publique, acquitte-

ment ponctuel des dettes du Trésor, efforts
pour diminuer les engagements et les rentes
perpétuelles, il y avait là l'application de
règles entièrement nouvelles. Aux expédients
de prodigues qui avaient amené la ruine de
l'ancien régime, aux pratiques folles de la
période révolutionnaire, avait succédé une
doctrine qui avait peu à peu régénéré notre
administration, et qui se résumait en un
mot : l'État doit être un honnête homme.
Dans les plus mauvaises heures de la Restauration, lorsque prévalait la politique de
parti, avec ses excès, les ministres des
Finances avaient maintenu les principes de
la plus scrupuleuse probité.

Le danger des révolutions est de frapper
le bien comme le mal d'une égale impopula-
rité. On ne l'a pas assez remarqué : la
Chambre élue en 1831 était disposée à prendre en tout le contre-pied du précédent
régime. Le baron Louis, dont nul ne pouvait mettre en doute les ardeurs libérales,
se faisait honneur en résistant à ces pré-

jugés, et en maintenant cette probité des gouvernements à laquelle il avait attaché son nom. Il avait coutume de dire, je tiens le mot de M. Mignet, qui l'avait recueilli de sa bouche : « Je n'ai jamais été appelé qu'à administrer la misère de mon pays. » Les témoins de sa vie s'accordaient à répéter qu'à cinq reprises [1] il avait sauvé de la détresse le trésor public. Quelle force ne lui fallut-il pas, au milieu de telles crises, pour se refuser aux expédients et demeurer fidèle à ces maximes saines qui ont prévalu jusqu'ici, et qui défendront, il faut l'espérer, nos finances, si, un jour, se dressaient contre elles des coalitions faites d'ignorance et d'avidité !

Duchâtel fut chargé de soutenir le budget de 1832. Il le fit avec un talent qui acheva de lui conquérir la Chambre. L'amortissement était attaqué avec passion, parce qu'il

1. Discours de M. Barthe, sur la tombe du baron Louis.

portait la date de 1816. Il rappela avec une
précision décisive qu'en 1816 on ne connaissait pas encore les bienfaits du crédit et
que, pour obtenir ces bienfaits, on avait eu
le courage, au moment de la plus grande
détresse, de créer l'amortissement; il demandait aux députés si, après avoir éteint, en
dix-sept ans, un capital de près de 1 500 mil-
lions, l'heure était venue d'abandonner cette
politique[1]. Il ne manquait pas une occasion
de montrer que l'État s'enrichit quand ses
représentants déclarent au pays qu'ils sont
résolus à ne jamais porter atteinte à ses
engagements; il était fier de proclamer ces
règles de probité publique. Il y avait certes
dans les discussions de ce temps des passions très vives, des erreurs de jugement,
mais à aucune époque la loyauté, la sincérité n'avaient été plus complètes. Duchâtel
garda à jamais le souvenir du ministère
Casimir Perier qui ne lui avait pas offert

1. Discours du 25 janvier 1832.

3

seulement une école de bon sens et de sage
politique, mais où il avait senti, par une pratique de tous les jours, comment la morale
était seule capable de donner au pouvoir sa
dignité et au peuple des garanties.

En février 1833, Duchâtel était élu député ;
son père venait d'être élevé à la pairie afin
que le jour même où il atteignait sa tren-
tième année, il pût jouir de tous les privi-
lèges politiques. Il entrait pour ainsi dire de
plain-pied à la Chambre dont il n'avait cessé
de partager les travaux.

Plus libre de sa parole, pouvant aborder
les questions les plus diverses, le nouveau
député sut, à force de réserve, assurer son
autorité. Ne manquant aucune séance, atten-
tif à tous les débats, il intervient toujours à
propos. Le lendemain de sa validation (ce
qui est sans précédent), il avait été élu
membre de la Commission du budget et
nommé le même jour rapporteur de ce pro-
jet de loi permanent qu'on nomme en lan-
gage parlementaire les douzièmes provi-

soires. Un discours prononcé à la même date [1]
donne la mesure de sa compétence; il y exposait les principes qui devaient gouverner les
budgets et il imprimait à sa pensée une
forme si précise et si nouvelle que, de nos
jours, les plus compétents invoquent son
autorité [2]. Il combattait l'abus des crédits
supplémentaires et ses efforts contribuèrent
à limiter le droit, existant alors pour l'État,
de les ouvrir par ordonnance.

Telle était sa situation à la Chambre que
nul ne fut surpris quand, le 4 avril 1834,
une crise ministérielle le fit entrer dans le
cabinet présidé par le maréchal Soult. Il
devait occuper pendant deux années le ministère du Commerce et de l'Agriculture.

Excellent administrateur, il ne se borna
pas à administrer son département; il sut

1. Séance du 12 mars 1833.
2. Dans son *Traité de la Science des Finances*, M. Paul
Leroy-Beaulieu cite le rapport sur les recettes de 1835
fait par M. Duchâtel le 18 avril 1834 (t. II, p. 95). Or le
passage cité est la reproduction des idées émises le
12 mars 1833.

créer des méthodes qui furent durables et
dont l'honneur lui revient. Il avait hâte non
d'aborder des débats vagues et stériles, mais
de discuter des tarifs, en des projets réels et
positifs. Il voulait avant tout vérifier les faits
et les faire connaître. Sous l'Empire, des
ministres s'étaient honorés en créant des
services de statistique. C'est à son initiative,
que furent dues les premières statistiques du
commerce et de l'agriculture. Quelques jours
après son entrée au ministère, il obtenait des
Chambres un crédit spécial[1].

Les enquêtes anglaises causaient l'admiration de tous ceux qui s'intéressaient aux
affaires publiques. Il ouvrit une grande enquête sur le commerce, la plus considérable
qui eût été faite en France, dans des conditions d'impartialité et de publicité qui réuni-
rent en un sentiment commun amis et

[1]. Discours du 6 mai 1834. Circulaire du 16 juin 1834,
Moniteur, p. 1435. En même temps, il organisait au
ministère du Commerce un service complet de statistique agricole, industrielle et commerciale.

adversaires. Il se défiait de ce qui n'était pas précis. Il avait horreur des illusions qui séduisent un peuple et le trompent.

Dès cette époque, on commençait à entendre dans les Chambres des hommes qui se disaient les défenseurs des intérêts populaires et qui se plaisaient à substituer à des discussions pratiques l'attrait des plus séduisantes théories. L'opposition proclamait que la première qualité des gouvernants était « l'amour du peuple, le zèle pour le bonheur des masses » et soutenait qu'il fallait introduire la « charité dans nos lois ». Cette politique que savait revêtir des couleurs les plus brillantes l'éloquence d'un poète, s'adressait aux foules qui ne s'arrêtent pas aux chiffres et croient à la magie des formules : l'impôt est lourd et odieux, il faut changer l'assiette de l'impôt et réduire les taxes; le chômage est cruel, il faut que l'État donne l'impulsion au commerce et à l'industrie, voilà les promesses irrésistibles. Ces grands séducteurs du peuple avaient une méthode qui n'était pas

appréciée des députés de ce temps : ils auraient voulu faire voter d'enthousiasme de
grandes réformes sans calculer leurs consé-
quences, laissant aux budgets futurs le soin
d'acquitter leurs chimères. « On a jeté en
avant, disait le ministre du Commerce, ces
utopies dont on cherche à repaître les imaginations souffrantes, ces systèmes si difficiles
à saisir, qui ont quelque chose de vague, de
fantastique, qui ne prêtent pas matière à la
réfutation, car ils n'ont ni précision, ni clarté,
rien en un mot de ce qui peut être saisi,
compris, discuté[1]. » Il ne se bornait pas à
des réfutations, à ce qu'on a appelé une politique négative; il avait un plan de réformes
et le faisait connaître : il croyait, avec tous
les économistes, que le travail seul enrichit.
Il voulait stimuler le travail national, et développer la concurrence, en activant les
échanges.

« Je désire, ajoutait-il, la liberté du com-

1. Discours du 13 mai 1834.

merce avec un progrès lent qui protège les intérêts et ne les blesse pas. La soudaineté en cette matière ferait des ruines et non l'apaisement[1]. »

Le ministre du Commerce de 1834 traçait ainsi en deux lignes le programme qu'il aurait voulu faire prévaloir.

A suivre cette politique, il y avait quelque courage. Sur les bancs de la Chambre, siégeaient, parmi les plus chauds amis du ministère, des hommes considérables qui tenaient pour un crime contre l'industrie française toute innovation ; dans le sein du cabinet, il rencontrait les appréhensions de M. Thiers qui commençait à s'alarmer des témérités de son jeune collègue. Il parvint peu à peu à vaincre les résistances. Avec une lenteur voulue, une étude constante des faits rassemblés par l'enquête, une mesure calculée dans l'exécution, il réussit à adoucir progressivement les tarifs, à lever certaines

1. Discours du 13 mai 1834.

prohibitions et à obtenir de nos voisins des concessions équivalentes. Il aurait voulu établir une Union douanière avec la Belgique [1]. Il était persuadé que l'initiative pouvait être stimulée sans provoquer de secousses et que cette lente évolution habituerait l'industrie nationale, affranchie peu à peu des subventions d'État, à se préparer aux efforts féconds de la liberté. « C'étaient, dit un témoin de sa vie, sa foi, son but, son idéal [2]. »

Après deux années de cette politique libérale que le roi encourageait de tous ses vœux, Duchâtel calculait que si la marche ouverte sous son ministère était suivie sans interruption, la France jouirait, en une vingtaine d'années, d'un régime de libre concurrence qui assurerait, en pleine paix, le développement de toutes ses forces productives.

Il y avait alors, grâce à lui et à l'élite de la

1. V. Union du Midi. Léon Faucher. Levasseur, t. II, 81, note 3.
2. Vitet, p. 102.

génération arrivée avec lui aux affaires, une poussée de sève qui se manifestait dans toutes les branches de l'activité politique ; ce que les jeunes gens avaient conçu et rêvé à l'aurore de la vie, ils avaient l'incomparable joie de le réaliser par l'effort de leur féconde maturité ; dans les conférences, dans les discussions des Sociétés d'études, on découvre, de 1820 à 1827, le germe de toutes les mesures qui seront prises, de toutes les lois qui seront votées dans les premières années de la monarchie de 1830. C'est la liberté de l'instruction Primaire proclamée par la Charte, et faisant l'objet d'une loi organique respectueuse de tous les droits ; c'est le Code pénal soumis à la seule revision complète qui, depuis 1808, l'ait mis, pendant quelque temps, au courant des progrès de la législation ; c'est le système pénitentiaire, puis le régime des aliénés, que les ministres de l'Intérieur s'attachent à étudier par des missions célèbres, puis à réformer ; la traite des nègres que poursuivent d'habiles négociations ; la loterie et la ferme des jeux résolument supprimées dans l'intérêt des mœurs publiques ; la situation de l'enfant dans les manufactures étudiée en vue d'une protection nécessaire ; — et toutes ces réformes qui, marquant autant de brillantes étapes dans la voie de la civilisation, répondaient avec éclat à la pensée de ceux qui avaient proclamé l'alliance de la morale et de la politique en rétablissant notre Compagnie, se trouvaient accomplies en dix ans, malgré le bruit des émeutes, les attentats contre le roi, les crises ministérielles, et tout ce fracas des événements qui ont assourdi les contemporains, et les ont empêchés de mesurer l'ensemble, et presque de voir les progrès accomplis de leur temps,

La liberté commerciale faisait partie de tout ce programme. Duchâtel s'y était consacré depuis 1834 pendant deux années. Au ministère des Finances, où il entrait en 1836, son autorité fut non moins grande. Il semblait fait pour diriger avec compétence l'administration financière ; il y apportait deux qualités

rares : il savait donner de l'éloquence aux
chiffres, et son esprit inventif se plaisait à
découvrir pour les problèmes difficiles des
solutions nouvelles.

En quelques mois, il décida la Chambre,
après des luttes mémorables, à affecter une
part non employée de l'amortissement aux
travaux publics, qui cherchaient vainement
des ressources, et il obtint que les fonds des
Caisses d'épargne, dont l'essor tout récent
surprenait les financiers, vinssent accroître
les capitaux que la Caisse des dépôts et Con-
signations pouvait utiliser.

Le commerce et les finances semblaient
son véritable domaine. Il y était attaché, non
par goût du pouvoir, mais par ambition
d'achever les réformes qu'il avait entreprises.
Les crises ministérielles ne le permirent pas.
Ce fut le malheur de ce temps.

Le ministère Casimir Perier n'avait pas
seulement offert pendant la vie de son chef
le modèle d'une politique à la fois libérale et
ferme, pacifique et fière; il avait laissé, après

lui, comme une traînée de lumière qui avait éclairé ses successeurs et empêché, à force de clarté, les malentendus entre des hommes faits pour s'entendre. A l'heure où des partis représentant les courants de l'opinion auraient dû se former pour établir solidement l'équilibre du mécanisme parlementaire, ce furent des rivalités de personnes qui servirent de mot d'ordre aux groupes. Duchâtel n'était pas de ceux qui soufflent les haines; ils ne provoquait pas les querelles, mais il avait une trop haute idée de la discipline, pour abandonner jamais ses amis.

La rupture entre les hommes qui avaient exercé le pouvoir depuis sept ans, la coalition de toutes les oppositions réunies contre les ministres qui représentaient le parti de gouvernement, affligeaient tous les témoins assez éloignés de la scène pour conserver leur sang-froid. Après bien des années, les combattants eux-mêmes, lorsqu'ils jugèrent les luttes passées, s'étonnèrent d'y avoir mis tant de passion; plusieurs d'entre eux se

firent honneur en exprimant leurs regrets.
Ce que M. Guizot et M. Vitet écrivaient,
M. Duchâtel le disait ouvertement dans ses
entretiens. Ni lui, ni ses amis n'avaient
d'ailleurs longtemps attendu pour comprendre
la leçon des événements. Très frappés du mal
qu'avaient fait au gouvernement parlementaire les querelles de personnes et les
amours-propres surexcités, ils se promet-
taient de ne rien négliger à l'avenir pour faire
oublier les maux de l'instabilité ministérielle.
Le pays partageait ces répugnances ; il était
fatigué des crises. Un tel sentiment dominant
l'esprit des électeurs, des députés et des
ministres, explique toute la seconde partie du
règne de Louis-Philippe.

Dans le long ministère qui était constitué
le 29 octobre 1840, sous la présidence nomi-
nale du maréchal Soult, et sous la direction
de M. Guizot, M. Duchâtel devait occuper la
seconde place. Ministre de l'Intérieur pendant plus de sept années, il ne se borna pas
à diriger l'administration de la France, à

améliorer le régime des hospices, à développer l'assistance publique, à poursuivre la réforme des prisons; il fut l'âme de la politique intérieure; son influence s'étendait sur les autres départements ministériels. Il n'y eut pas de débat important où Duchâtel ne fût appelé par le vœu de la Chambre à donner son avis; si la discussion devenait obscure, les députés étaient sûrs que sa parole y jetterait la clarté. Les finances l'attiraient et le ministre de l'Intérieur en parlait avec une telle autorité qu'en lui répondant M. Thiers faisait rire toute la Chambre en l'appelant « M. le ministre des Finances ».

Quant vint la question des chemins de fer, on aurait pu aussi bien le croire ministre des Travaux publics. Il n'avait pas hésité à se montrer partisan de la construction des voies ferrées, à l'heure où cette nouveauté causait plus de trouble que d'enthousiasme; il avait vu en 1836 en Angleterre les premières tentatives : il avait parcouru les nouvelles lignes de Manchester à Liverpool; il entrevoyait

l'immense étendue du problème et s'était
attaché à le résoudre. Comment expliquer
ces neuf années d'hésitations qui, de 1833
à 1842, avaient retardé les décisions défini-
tives? Intérêts de clocher, intérêts de parti,
intérêts d'agio, le corps des ingénieurs cher-
chant à retenir l'honneur de la construction
en décourageant l'initiative privée; le parti
démocratique paralysé par une terreur égale
de l'influence gouvernementale si les chemins
de fer appartenaient à l'État ou de l'influence
de l'argent et des banquiers s'ils étaient aban-
donnés à des compagnies; les députés épou-
vantés des dépenses, se demandant vers quel
gouffre on les entraînait et préférant s'abste-
nir, telles étaient les forces négatives qui
concouraient à l'avortement. En face d'elles,
une seule force active, le groupe des Saint-
Simoniens, agissant, en dehors des Chambres,
sur l'opinion publique, parlant, écrivant,
publiant les résultats des premiers chemins
de fer anglais et américains, s'efforçant de
réveiller l'apathie, de piquer l'amour-propre

et imaginant enfin le moyen le plus décisif en construisant, aux portes de Paris, en deux ans, les lignes de Saint-Germain et de Versailles afin de triompher de la mauvaise volonté et surtout de l'irrésolution par une expérience éclatante.

Les efforts courageux du ministère Molé, ses échecs, sa persévérance et ses demi-succès ne laissèrent pas de doutes : il fallait agir sur les députés et dissiper, à force de lumières, les obscurités de leur esprit. La tâche était rude : elle fut entreprise avec une rare ténacité par Dufaure et achevée avec éclat par Duchâtel. Ce qu'avait fait la grande commission créée et présidée en 1839 par Dufaure, les principes qu'elle avait émis furent repris par le ministre de l'Intérieur de 1840 ; il soutint un régime d'alliance entre les deux forces concurrentes : l'État faisant l'expropriation et exécutant les travaux d'art, les Compagnies posant les voies, créant l'outillage et assurant l'exploitation. Il parvint à déterminer le Cabinet, pressa les travaux

préparatoires et dirigea la mémorable discussion de 1842 qui décida de l'avenir des
chemins de fer en France. Contre un essai
partiel que préféraient les timides, il soutint
et fit adopter le réseau complet et simultané
qui, avant une génération, devait couvrir de
ses mailles serrées tout le territoire.

M. Duchâtel avait une curiosité de toutes
choses qui le portait vers les inventions nouvelles. Lorsqu'en 1839, commença à se
répandre le bruit qu'on pouvait obtenir et
conserver des images tracées par le soleil,
l'émotion fut très vive. Le public avait une
hâte incroyable de jouir de la découverte. En
serait-il privé par un brevet ou par une vente
à l'étranger? Duchâtel ne perdit pas un instant. En présence d'un intérêt national, il
n'y avait plus de désaccord politique. C'est
avec un député de la gauche, avec Arago,
en pleine entente pour l'honneur de la France,
que le ministre de l'Intérieur prépara et fit
passer la loi qui, moyennant une pension
viagère au profit de Daguerre et de Niepce,

4

acquérait pour l'État la propriété de cette découverte, assurant ainsi, sans délai, aux arts et à l'industrie, une nouvelle source de richesse.

Quelques années plus tard, il était témoin d'un progrès inattendu du télégraphe. On ne connaissait que le système de Chappe. L'électricité, qui devait réserver à notre siècle de si prodigieuses surprises, offrait alors au monde une de ses premières merveilles. Il voulut savoir exactement ce qu'était le télégraphe électrique, il envoya une mission en Angleterre et aux États-Unis et il aurait souhaité que la France regagnât son retard en rejoignant ses voisins.

Tout ce qui touchait plus directement à ses soins recevait une impulsion : il s'attachait aux questions pénitentiaires, poursuivant par une étude persévérante les réformes commencées depuis 1831 ; il mettait de l'ordre dans les services hospitaliers. Il s'occupait surtout avec prédilection des monuments historiques et des archives; à lire ses circulaires, ses instructions aux préfets, portant sur le personnel, sur l'installation des archives, sur les inventaires à dresser, en voyant tous ses soins pour la conservation des monuments témoins de notre histoire, on devine l'action des esprits d'élite dont il avait su s'entourer : Mérimée traversait son cabinet et Vitet s'y trouvait constamment.

Cette diversité d'étude lui servait de repos. La puissance de sa mémoire lui permettait de lire avec une rapidité surprenante et de conserver le souvenir de tout ce qu'il avait lu. De là, une facilité singulière à se trouver toujours prêt. Les matériaux étaient sans cesse rassemblés; ils étaient classés dans sa tête et la réflexion suffisait à les disposer. Dans les travaux des Chambres, il n'y avait aucune question qui lui échappât; il était toujours en mesure d'éclairer le débat. Il représentait bien ces *leaders* de la Chambre des communes, ralliant et conduisant leur parti, disposés à intervenir, s'il le fallait, dans toutes les questions, plus clairs que les hommes techniques, maîtres en l'art de résumer une discussion, de dire le dernier mot avec l'autorité de la compétence et du bon sens. Dans le monde politique, on ne doutait pas qu'il fût appelé à devenir premier ministre. M. Duchâtel n'avait aucune prétention oratoire, si l'on n'appelle orateurs que ceux dont la parole remue les imaginations et fait battre les cœurs, mais il possédait cette qualité maîtresse de l'intelligence qui voit, comprend, sait faire voir et comprendre, donne aux raisons leur relief, aux idées leur force et détermine la conviction, non par la pression, mais en amenant l'auditeur à penser qu'il est parvenu tout seul à découvrir la vérité. A la tribune, comme dans les entretiens, il n'avait ni le ton agressif, quoique très décidé, ni l'ironie, ni la passion qui emporte et qui blesse.

Un esprit aussi ouvert à toutes les formes de la pensée était singulièrement propre à ces échanges d'idées qui font le charme de la conversation. Les réceptions du ministère de l'Intérieur attiraient tout le monde politique. A l'influence qu'il exerçait, son mariage avait ajouté un charme auquel n'a été insensible en aucun temps la société française : en tenant son salon avec un tact rare, sachant accueillir et retenir, Mme Duchâtel était douée de toutes les qualités qui peuvent fortifier l'autorité d'un homme d'État. A cette époque, les relations du monde avaient une importance qu'a effacée entièrement l'avènement de la démocratie; tous les ministres recevaient, les chefs de l'opposition les imitaient. Les députés eux-mêmes qui, dès cette époque, étaient enclins à croire que les électeurs leur avaient tout enseigné, étaient étonnés de découvrir qu'ils avaient beaucoup à apprendre au contact de ce que la société politique contenait de plus distingué : ces réunions offraient aux diplomates une image de la France où se trouvaient représentés, sous leurs formes les plus élevées, l'art, l'intelligence et les intérêts.

C'est le malheur des sociétés humaines quand elles arrivent à une certaine étape et qu'elles ont réalisé dans leur marche un sensible progrès, de se laisser aller à croire que le voyage est achevé et que le repos est possible. A l'heure où, pour ces temps reculés, commence le jugement de l'histoire, il y a des points que ne distinguaient pas les contemporains et qui demeurent acquis sans conteste. Il n'est pas douteux que, parmi les 300 000 électeurs censitaires, la majorité était sincèrement convaincue que la révolution de 1789 était achevée, que la nation avait atteint le terme de ses destinées et que dès lors un mouvement très lent devait désormais suffire à ses aspirations. Ceux qui gouvernaient partageaient cette confiance. Après les grandes secousses d'un demi-siècle, ce qu'on nommait le pays légal demandait avant tout au Gouvernement le repos. Les élections de 1842 consolidèrent le Cabinet. Quatre années de calme, de travail et de prospérité n'avaient pas changé l'opinion des électeurs :

ils avaient à cœur de maintenir avant tout l'ordre et la paix. M. Duchâtel présida pour la seconde fois en 1846 aux élections générales qui dépassèrent toutes ses espérances : lorsque la Chambre s'assembla, la majorité ministérielle était accrue. Si, par moments, M. Duchâtel s'était inquiété de la prolongation du ministère, ce succès ne devait-il pas le rassurer entièrement? D'où pouvait venir le péril? Jamais élections n'avaient été plus libres, contre elles l'opposition, dans sa vigilance, n'avait pu réunir de critiques. A juger le pays par la Chambre, comment pouvait-on concevoir des soucis?

Tout autre était le jugement de ceux qui, détournant leurs yeux de l'enceinte parlementaire, s'appliquaient à regarder au dehors. Un fait les alarmait. Si les départements avaient envoyé une majorité conservatrice, Paris s'était prononcé contre le ministère. La bourgeoisie parisienne, si attachée naguère au régime qu'elle avait créé, était devenue peu à peu indifférente ou sceptique;

elle n'apportait plus au Gouvernement qu'une force passive, prête à laisser agir les mécontents qui donneraient une leçon au pouvoir.

A l'opposition qui réclamait la réforme électorale, l'adjonction des capacités, le ministère répondait que la Chambre des Députés représentait le pays et que le Cabinet, issu de la majorité, conformément à la loi constitutionnelle, n'avait pas à se retirer devant les manifestations des Parisiens.

Le malentendu était complet. Chacun des deux partis, obéissant à la logique, marcha en des sens contraires, l'opposition passant en revue ses forces, le ministère attendant l'assaut cantonné dans la Chambre où il se croyait inexpugnable, l'un comme l'autre convaincus que la lutte ne sortirait pas des limites légales.

Dans cette course vers l'abîme, très peu de gens pressentaient le péril social que dénonçaient seuls quelques penseurs. A l'heure où le ministère et l'opposition avaient les yeux fixés sur l'échiquier politique, dis-

cutant entre eux et arrêtant en pleine sécu-
rité les conditions du duel, l'incendie était
préparé par un troisième parti qu'ils ne soup-
çonnaient pas. Il suffit d'une secousse pour
que le feu se déclarât : un changement de
cabinet à contretemps, une nuit d'interrègne
gouvernemental, l'abstention de la garde
nationale laissèrent passer la révolntion.

En quelques heures, tout fut emporté :
ministères successivement tentés. Chambres,
Monarchie, Constitution, rien ne demeura
debout.

Dans ce coup de théâtre qui avait fait dis-
paraître à jamais un régime et une dynastie,
il y eut plus de bruit que de passion, plus de
surprise que de colères. Seuls, les anciens
ministres furent désignés à l'indignation de
la foule. Mis en accusation, ils durent
échapper aux poursuites. Huit jours après,
Duchâtel, non sans avoir couru des périls,
se retrouvait en Angleterre.

La plus grande souffrance que puisse
éprouver un homme d'État, s'il aime vrai-

ment sa patrie, n'est pas de perdre le pouvoir, ni de se trouver en pleine maturité, en
pleine force d'esprit, réduit à l'impuissance
et à l'exil. La vraie douleur est de voir
s'écrouler en un jour l'œuvre à laquelle il
s'est attaché, d'assister à la ruine non seulement des institutions mais des idées
auxquelles a été consacrée sa vie, de se sentir ainsi qu'elles sous le poids de l'injustice.
Chez les victorieux qu'encense la multitude,
il y a une lâcheté : le goût d'accabler les
vaincus. De Paris, lui arrivait dans sa retraite,
aux environs de Londres, l'écho des pires
calomnies. Il semblait que les anciens
ministres ne pussent échapper à la condam-
nation et, ce qui est pis, au déshonneur.

Il suffit de quelques mois pour mettre à
néant ces menaces. La saisie des papiers des
ministres, les perquisitions, les investiga-
tions destinées dans la pensée des vainqueurs à démontrer avec la culpabilité des
ministres leur infâme corruption, servirent
à faire éclater leur innocence. Divulgation

des papiers les plus intimes, comptes des
fonds secrets, publications de toutes sortes,
tout ce que le désordre d'un pillage put offrir
à la malignité publique tourna à la confusion
des adversaires et prépara l'arrêt de non-lieu
par lequel la Cour d'appel de Paris mit à
néant l'accusation. Tant il est vrai que les
passions sont impuissantes contre la vérité
si, dans le feu de leurs colères, elles ne
brisent pas, comme sous la Terreur, les juri-
dictions et les lois !

Cet acte de justice rouvrait aux anciens
ministres les portes de la France. L'année
1849 revit M. Guizot au Val-Richer, où il
allait poursuivre les grandes œuvres qui
pendant un quart de siècle devaient honorer
sa vieillesse ; elle ramena M. Duchâtel à
Paris. Il y retrouvait ses amis, ses anciens
collègues, tous ses compagnons de lutte. Il
observait avec eux les efforts de la société
française reprenant possession d'elle-même.
A la veille des élections à l'Assemblée légis-
lative, il fut touché de la fidélité des élec-

teurs de Jonzac insistant pour le déterminer
à se présenter; il ne crut pas devoir céder à
leurs vœux. Il était frappé des divisions politiques qui paralysaient les conservateurs; il
lui sembla qu'il avait, en dehors de l'Assemblée, une œuvre d'union à accomplir. La
rupture entre les deux branches de la maison
de Bourbon avait jeté dans l'opposition
depuis 1830 tout le parti légitimiste; pendant
dix-huit ans, par un étrange renversement
des rôles, les défenseurs de la monarchie de
Juillet avaient dû soutenir le trône, en ayant
en face d'eux, pour adversaires irréconci-
liables, ceux qui en France étaient le plus
attachés à la doctrine monarchique, tandis
qu'ils devaient se contenter d'avoir pour
partisans des politiques qui se souciaient
peu des principes et qui préféraient les expédients. M. Duchâtel se dévoua à cette
entente, travaillant sans arrière-pensée avec
M. Molé et ses amis, afin d'assurer à la
royauté constitutionnelle cette chance de
salut qu'il jugeait la dernière. Il échoua. A

dater de cette défaite, il estima que la cause des libertés publiques était perdue pour longtemps. Il était persuadé que placée en présence des deux dynasties rivales, la France, entraînée par la terreur de l'anarchie, se précipiterait vers l'Empire. Il assista aux événements avec un profond chagrin, mais sans surprise.

A l'évolution libérale qui, à l'instigation de la France, avait, durant dix-huit ans, formé peu à peu autour de nous une ceinture d'États constitutionnels, il voyait succéder une Europe autoritaire, ne laissant à la liberté de penser d'autre domaine que la Belgique et l'Angleterre. Cette crise n'ébranlait pas ses convictions; il croyait à la liberté. Pour elle, il était assuré de l'avenir, mais il souffrait du présent.

Sa parole n'avait aucune aigreur; il n'avait rien d'un émigré. Il parlait des événements de son temps en philosophe, avec un esprit plein des enseignements de l'histoire. Ceux qui composaient notre Académie en 1842 ne s'étaient pas trompés lorsqu'ils l'avaient appelé à succéder au comte de Laborde, dans la Section d'Économie politique. Sa science était profonde, et telle était la clarté de son intelligence, qu'il la rendait accessible à tous. En quelques mots, à propos d'un incident, d'une réflexion, d'un chiffre cité, il donnait une explication à la fois si imprévue et si simple, qu'on était étonné d'avoir compris avec tant de facilité le mécanisme d'un problème économique. Il déclarait qu'il n'y avait pas de livre plus intéressant qu'une statistique commerciale, et il s'en fallait de peu que ses auditeurs, après l'avoir entendu commenter à l'improviste le résultat des importations et exportations, ne fussent de son avis. Si l'École des Sciences politiques avait été fondée de son temps, il n'aurait assurément pas résisté au désir d'y professer, et ceux qui ont eu l'heureuse chance d'assister à un essai de cours tenté dans l'intimité en 1858, savent ce qu'eût été le profit des élèves non moins que la joie du maître.

Avec le goût de parler aux hommes, il avait malheureusement cette disposition de l'orateur qui dédaigne la rédaction de sa pensée, y voit une œuvre plus lente, moins libre d'allures, quasi servile, parce qu'elle est esclave de certaines règles, et qu'elle exige plus d'efforts. C'est ainsi que cet esprit prime-sautier et éloquent, cette intelligence nourrie de la science de la politique, n'a laissé aucun témoignage écrit de sa pensée. Peut-être un jour des lettres inspirées par la plus fidèle amitié le feront-elles mieux connaître. Aujourd'hui, nous ne pouvons invoquer que le souvenir de ses conversations; elles étaient brillantes : commencées à l'Académie, poursuivies dans les rencontres d'une vie sociale très active, continuées dans les salons, elles laissaient le souvenir du causeur le plus varié.

Dans cette société très intelligente, ne point écrire était presque une originalité. Tous ces hommes politiques qui avaient refusé de se rallier à l'Empire et qui avaient été réduits à l'impuissance politique en pleine force de vie, s'étaient réfugiés dans un grand travail. Il semblait que cette génération, mise prématurément hors de combat, avait voulu prendre contre ses vainqueurs la revanche de l'esprit.

Parmi les plus vieux, comme entre les plus jeunes, ce fut une émulation laborieuse. Les anciens écrivaient leurs mémoires : Victor de Broglie, Philippe de Ségur, Guizot, Pasquier s'apprêtaient à laisser des dépositions précieuses pour l'histoire. Dans ses souvenirs contemporains, Villemain écrivait des pages qui sont destinées à survivre à toute son œuvre. Thiers poursuivait pendant ses onze années de retraite l'histoire du Consulat et de l'Empire et, à côté de lui, Mignet écrivait sur Marie Stuart, sur François Ier et Charles-Quint, des pages brillantes où il se plaisait à revêtir la plus solide érudition d'un style incomparable. Rémusat publiait ses études sur l'Angleterre et préparait en silence ses mémoires que notre génération ne connaîtra pas; tandis que, chaque année, Barante rapportait fidèlement de sa retraite dans les montagnes d'Auvergne un volume sur la Fronde, sur la Convention et le Directoire, couronnant ses travaux par les deux volumes sur Royer-Collard, les meilleurs qui soient sortis de sa plume. Tous ces hommes se portaient les témoins et les champions de leur temps : Lacave-Laplagne défendait la politique financière de la monarchie de Juillet. Montalivet réfutait les calomnies répandues contre le roi qu'il avait servi. Duvergier de Hauranne commençait sa grande histoire parlementaire de la Restauration, et Tocqueville, avant de mourir, ajoutait à son œuvre des pages profondes sur l'Ancien régime et la Révolution.

A ces vétérans des luttes parlementaires se joignait une génération plus jeune qui avait hâté d'entrer en lice. C'était le comte d'Haussonville nous montrant la réunion de la Lorraine, en attendant qu'il fît revivre les querelles du Pape et de l'Empereur, Albert de Broglie ressuscitant les premiers chrétiens du IVe siècle et les plaçant dans le tableau de l'Empire romain.

De toute cette activité d'esprit, les Académies n'étaient point seules à renvoyer les échos. La plupart des hommes qui avaient joué un rôle dans les assemblées parlementaires du gouvernement de Juillet avaient conservé l'usage de relations fréquentes; séparés en groupes distincts, trop souvent en lutte dans les temps prospères, ils s'étaient sentis rapprochés par une commune disgrâce : le bruit du combat les avait divisés; le silence les réconcilia. Ils se retrouvèrent dans les salons. Celui de M. Duchâtel fut pendant presque tout l'Empire un des plus brillants. Chacun avait son caractère. Doudan nous a décrit celui du duc de Broglie, le plus austère de tous, réunissant à une élite d'amis fidèles un petit nombre de jeunes esprits. Pendant l'hiver, M. Guizot mêlait ses confrères de l'Institut aux hommes politiques du gouvernement tombé. Le chancelier Pasquier attirait en racontant sa vie depuis le Parlement de Paris où il siégeait avant 1789 jusqu'à la Chambre des Pairs qu'il avait présidée, sans oublier le Conseil d'État de l'Empire et les ministères de la Restauration ; on se pressait autour de lui pour entendre revivre un siècle de notre histoire. Chez M. Thiers qui recevait chaque soir, le mouvement était tout autre : ce n'était pas seulement le passé ; à l'activité des esprits, on pressentait l'avenir ; à côté de Mignet, de Barthélemy Saint-Hilaire, on voyait des savants de tout âge, les ambassadeurs étrangers, de jeunes écrivains tels que Prévost-Paradol, avides d'entendre des conversations qui étaient des fragments de politique et d'histoire. Malgré la diversité des questions et des hommes, il était facile de sentir que la politique tenait la première place et que l'heure était proche où l'orateur, dont la vie n'était pas finie, allait reparaître avec l'aurore de la liberté renaissante.

Tout autre était le salon de M. Duchâtel :

dans le cadre le plus large, c'était un tableau
complet de la société parisienne qui se
déroulait avec son mouvement, ses fêtes,
son charme et cette variété qui, suivant les
jours, offrait à la jeunesse les bals les plus
recherchés, à l'intelligence les réunions les
plus sérieuses, à l'élite des politiques, des
savants, des artistes, un lieu de rencontre où
se retrouvaient Guizot et Barante, Monta-
lembert et Berryer, Rémusat, d'Haussonville, Dumon, l'Institut et l'Académie française. Pendant six mois, chaque année, du
commencement de décembre à la fin de mai,
les réceptions se succédaient, sans inter-
valles ; qui aurait tenu note des conversations échangées se serait trouvé écrire un
journal de la société parisienne, une histoire
de la politique générale ou la chronique de
l'Institut. Il n'est pas un incident survenu
au Palais Mazarin qui n'ait eu son écho dans
les entretiens de l'hôtel Duchâtel. Nulle part
le coup d'État académique qui fit entrer
sans scrutin dix membres dans notre Com-

pagnie n'eut un plus long retentissement.

Tous ces salons, toute cette vie sans laquelle ne se comprend pas l'opposition sous l'Empire, formaient ce que la polémique du temps appelait « les anciens partis », réunion d'hommes n'ayant servi que le régime parlementaire, n'ayant eu en politique d'autre idéal que la liberté, y demeurant invariablement fidèles, convaincus que toutes les réformes politiques et sociales pouvaient sortir du libre jeu des institutions loyalement pratiquées, ayant la passion de l'ordre et de la loi, ayant sur toutes les autres oppositions cette supériorité de n'avoir jamais recouru aux sociétés secrètes ni aux conspirations et mettant la patrie à une telle hauteur au-dessus de leurs préférences que, dans leurs conversations, nul n'a pu surprendre, au milieu des angoisses de la guerre de Crimée, au milieu des alarmes de la guerre d'Italie, une parole ou un vœu qui n'allât pas au triomphe du drapeau français.

Malgré l'intérêt que M. Duchâtel prenait

à toutes choses, l'activité de la pensée ne lui
suffisait pas. Il aurait voulu s'attacher à
quelque grande création. Chaque année,
l'automne le ramenait dans la Gironde : la
culture de la vigne, la mise en valeur des
landes l'avaient attiré ; il se plaisait à introduire de nouveaux procédés qu'il avait étu-
diés à l'étranger ; il obtint de tels résultats
que de toutes parts surgirent des imitateurs :
on venait visiter ses drainages et ses semis.
A entendre l'exposé de ses expériences
agricoles, à voir son entrain et l'accueil qu'il
réservait à ses hôtes, des observateurs super-
ficiels auraient pu croire que rien ne lui
manquait et que cette existence si large et
si hospitalière, en lui rappelant ce qu'il avait
vu dans les grands domaines d'Angleterre,
suffisait entièrement à remplir sa vie.

Quand il rentrait à Paris, d'autres soins
l'attendaient. Parmi les distractions de son
esprit, les arts avaient pris la première place.
De longue date, il s'y était intéressé. Vitet
était toujours là : l'amitié des anciens jours

ne s'était pas refroidie; par un merveilleux
échange, à M. Duchâtel qui, sous la monarchie lui avait appris les finances, il avait
depuis longtemps enseigné le goût du beau :
il lui avait montré les musées d'Europe, il
l'avait conduit aux Expositions, dans les
ateliers de peintres, chez Ingres et chez
Flandrin; il avait dirigé ses choix et peu à
peu s'était formée une galerie dont notre
Louvre, grâce à un don généreux, conserve,
dans la salle Duchâtel, de précieuses épaves.
Dès 1846, l'Académie des Beaux-Arts avait
nommé membre libre le comte Duchâtel et
ce qui était alors un délassement de ses travaux devint, dans la seconde partie de sa vie,
une des consolations de sa retraite.

Ni le mouvement du monde, ni les voyages
ni les œuvres des artistes ne valaient pour
son esprit les puissantes distractions de la
lecture. On était émerveillé de ce qu'il lisait
et retenait. Un livre nouveau éveillait-il sa
curiosité? il voulait le contrôler en reprenant
tous les mémoires écrits sur une époque ou

toute la littérature d'un pays étranger, et ces
tâches qu'il se donnait ne l'empêchaient pas
chaque jour de suivre les débats de la
Chambre des communes, de lire à fond les
journaux anglais et de connaître tout ce
qu'on laissait voir de la politique française.
Il n'était pas de ceux qui gardent pour eux-
mêmes le plaisir de leur curiosité satisfaite :
ce qu'il avait découvert, il l'exposait avec une
telle vivacité, il le commentait, le réfutait
avec tant d'ardeur que l'auditeur le quittait
aussi instruit que charmé et tout surpris que
des questions si obscures apparussent grâce à
lui en pleine clarté. L'économie politique et
l'histoire revenaient tour à tour dans ces entretiens qui étaient un besoin de son esprit et
qu'interrompait seule la présence d'un indif-
férent. Il n'aimait ni les abstractions ni les
doutes. Il était avide de certitude. Il s'était
fait une philosophie très simple, très précise
que dominait le sens commun et qu'il défendait contre la critique avec une puissance de
raison qui atteignait parfois l'éloquence.

Il avait coutume de dire qu'à tout prendre, il ne s'était accompli dans l'ordre des relations humaines qu'un seul progrès, c'est de croire à la bonne foi de ses adversaires. Il faisait dérouler de cette observation profonde tout le régime de discussion libre et il fallait l'entendre quand, dans l'abondance de sa parole et de ses souvenirs historiques, il montrait la croyance à la mauvaise foi de l'adversaire substituant aux raisonnements les colères et ayant servi de prétexte et d'excuses à tous les crimes du passé. Il s'attachait à montrer que les lois, les mœurs, la société tout entière, la civilisation dont nous sommes si fiers, périraient à la fois si par malheur se trouvait ébranlée l'idée de liberté et de responsabilité. Il ne croyait à l'abdication de l'homme, c'est-à-dire au fatalisme, ni en politique, ni en morale et répétait que de tous les régimes passagers de la France le plus précaire était le despotisme.

Sa parole était très vive, son regard perçant : un front très large donnait à sa tête une

puissance, à sa physionomie une expression
de force que Flandrin, dans un de ses beaux
portraits, puis Chapu, dans le magnifique
buste du Louvre, ont fixée à jamais. Toute
sa personne exprimait l'intelligence et l'autorité.

En entendant sa voix si ferme, en le
voyant prêt à tout, ne semblait-il pas réservé,
au jour des évolutions prévues, à des activités
nouvelles? Sa vie était heureuse et calme :
entre une compagne qui prévoyait tout pour
l'entourer de l'existence la plus variée, un
fils dont les études avaient été éclatantes, une
fille dont le mariage avait attiré « un fils de
plus à son foyer », ses joies de famille étaient
complètes. Ceux qui le voyaient l'automne
dans la Gironde, l'hiver à Paris, l'été au
château de Chantilly [1], pouvaient se dire que

1. Chantilly avait dû être vendu à la suite des décrets
de confiscation de 1852. Acquis par miss Burdett-Coots,
le Châtelet qui seul avait échappé aux destructions
révolutionnaires, et le parc furent successivement loués
à l'ambassadeur d'Angleterre, lord Cowley, et au comte
Duchâtel.

rien ne manquait au comte Duchâtel pour posséder sous toutes ses formes le bonheur en ce monde.

Ce fut au milieu de cet épanouissement de toutes les satisfactions humaines que sa santé fut gravement atteinte en 1866. Ses forces déclinèrent. Son intelligence demeurée ferme ne lui laissait pas d'illusions : il vit venir la mort en chrétien, l'accepta avec une pleine résignation et expira le 5 novembre 1867 au milieu des siens, laissant à ceux qui ont eu le bonheur de l'approcher pendant sa retraite l'impression d'une carrière inachevée, d'une vie brusquement interrompue, de forces supérieures qui auraient pu rendre au pays, dans les crises qui s'approchaient, d'incomparables services.

COMTE DUCHÂTEL

1803.	19 février.	Sa naissance à Paris.
1822.	13 avril.	Licencié en droit.
1824.		Fondation du *Globe*.
1829.		Publie *La Charité*.
1830.	20 août.	Conseiller d'État et Commissaire du Roi près la Chambre des députés.
1831.	15 novembre.	Commissaire du Roi.
1832.		*Idem.*
1833.	Février.	Élu député de Jonzac.
	26 février.	Admis.
1834.	4 avril.	Ministre du Commerce. (Cabinet Thiers.)
	Novembre.	*Idem.* Démissionnaire.
	18 novembre.	Ministre du Commerce. (Cabinet Mortier.)
1835.	20 février.	*Idem.* (Cabinet de Broglie.)
1836.	6 septembre.	Ministre des Finances. (Cabinet Molé.)

1837.	Avril.	Ministre des Finances. Démissionnaire.
1839. 12 mai.		Ministre de l'Intérieur. (Cabinet Soult.)
1840.	Février.	*Idem*. Démissionnaire.
1840. 29 octobre.		Ministre de l'Intérieur. (Cabinet Soult-Guizot.)
1842. 24 décembre.		Élu membre de l'Académie des Sciences morales et politiques.
1846. 21 novembre.		Élu membre libre de l'Académie des Beaux-Arts.
1867. 5 novembre.		Sa mort.

70-09. — Coulommiers. Imp. PAUL BRODARD. — 3-09.

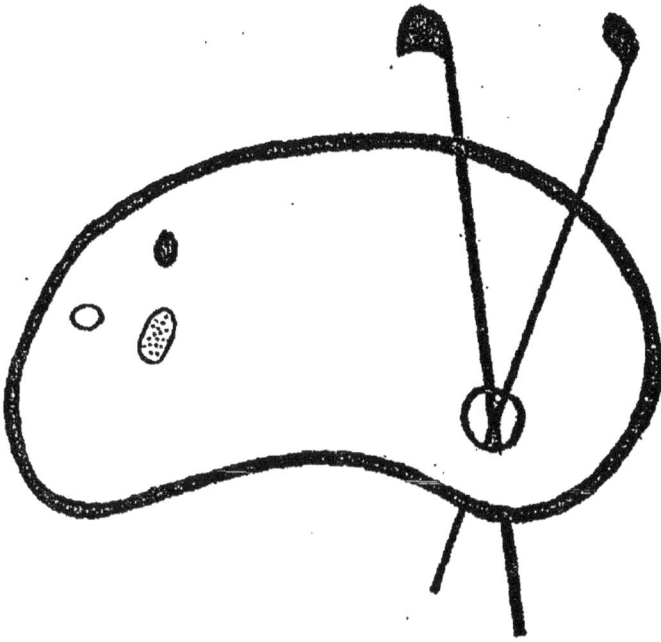

ORIGINAL EN COULEUR
NF Z 43-120-8

www.ingramcontent.com/pod-product-compliance
Lightning Source LLC
Chambersburg PA
CBHW070913280326
41934CB00008B/1704